El mundo de Lalo

Ana Luisa Brocado

Obra literaria: Lalo

Número de Registro: 03-2023-042523084500-01

Autor: Ana María Luisa Brocado Parra

Imágenes: El mundo de Lalo.

Número de Registro: 03-2023-030612320700-14

Autor: Ana María Luisa Brocado Parra

Redacción y ortografía: Laura Aguirre González

LOS NIÑOS DEBEN CRECER EN UN MUNDO EN DONDE SEAN ACEPTADOS, AMADOS Y RESPETADOS POR TODOS.

Él es Lalo y es muy diferente al resto de sus compañeros.
Normalmente él prefiere estar solo.
No le gustan los abrazos.
Le incomoda que lo vean a los ojos.
Le es difícil hacer amigos.

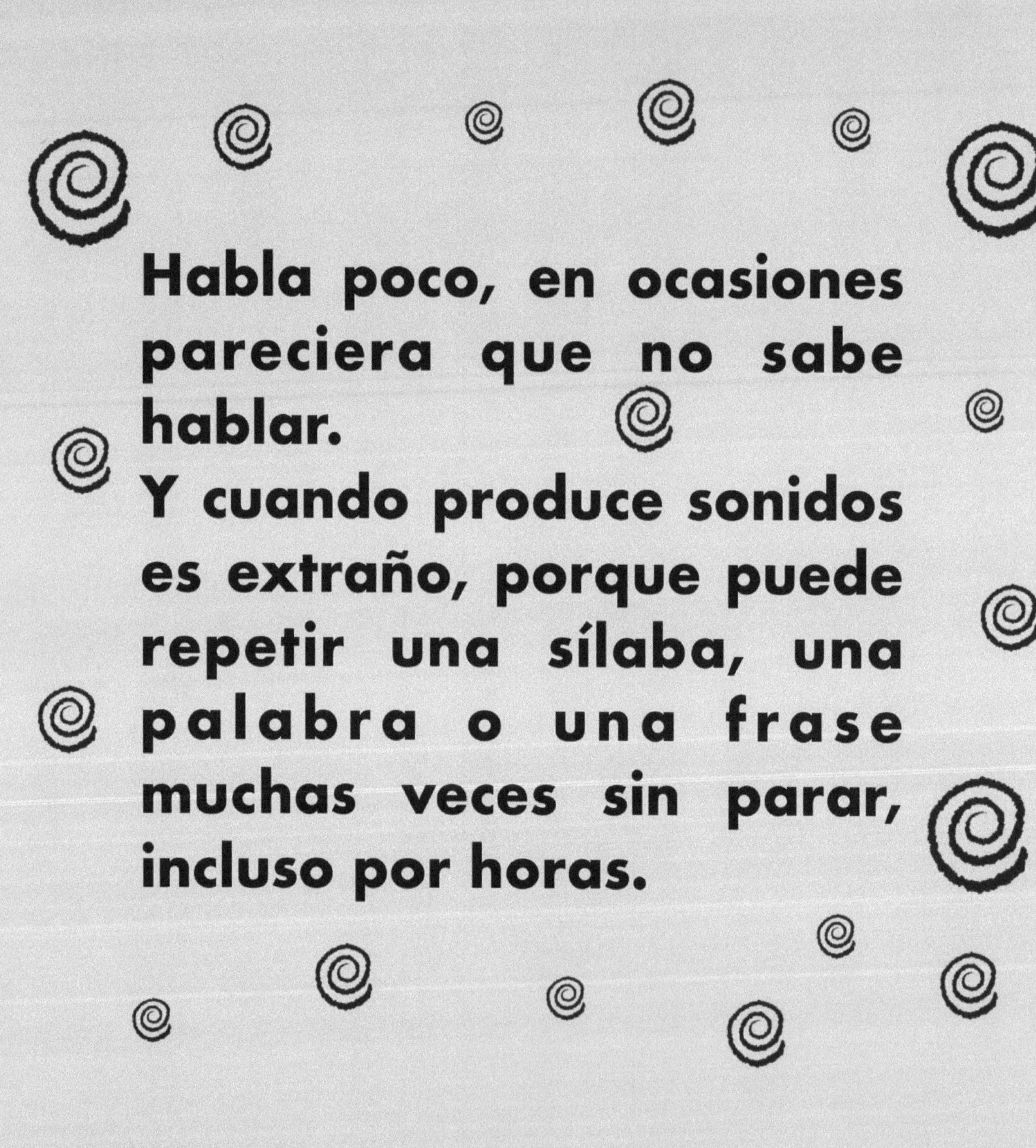

Habla poco, en ocasiones pareciera que no sabe hablar.
Y cuando produce sonidos es extraño, porque puede repetir una sílaba, una palabra o una frase muchas veces sin parar, incluso por horas.

Саурилл

Саурилл

Саурилл

Саурилл

Саурилл

Саурилл

Саурилл

Саурилл

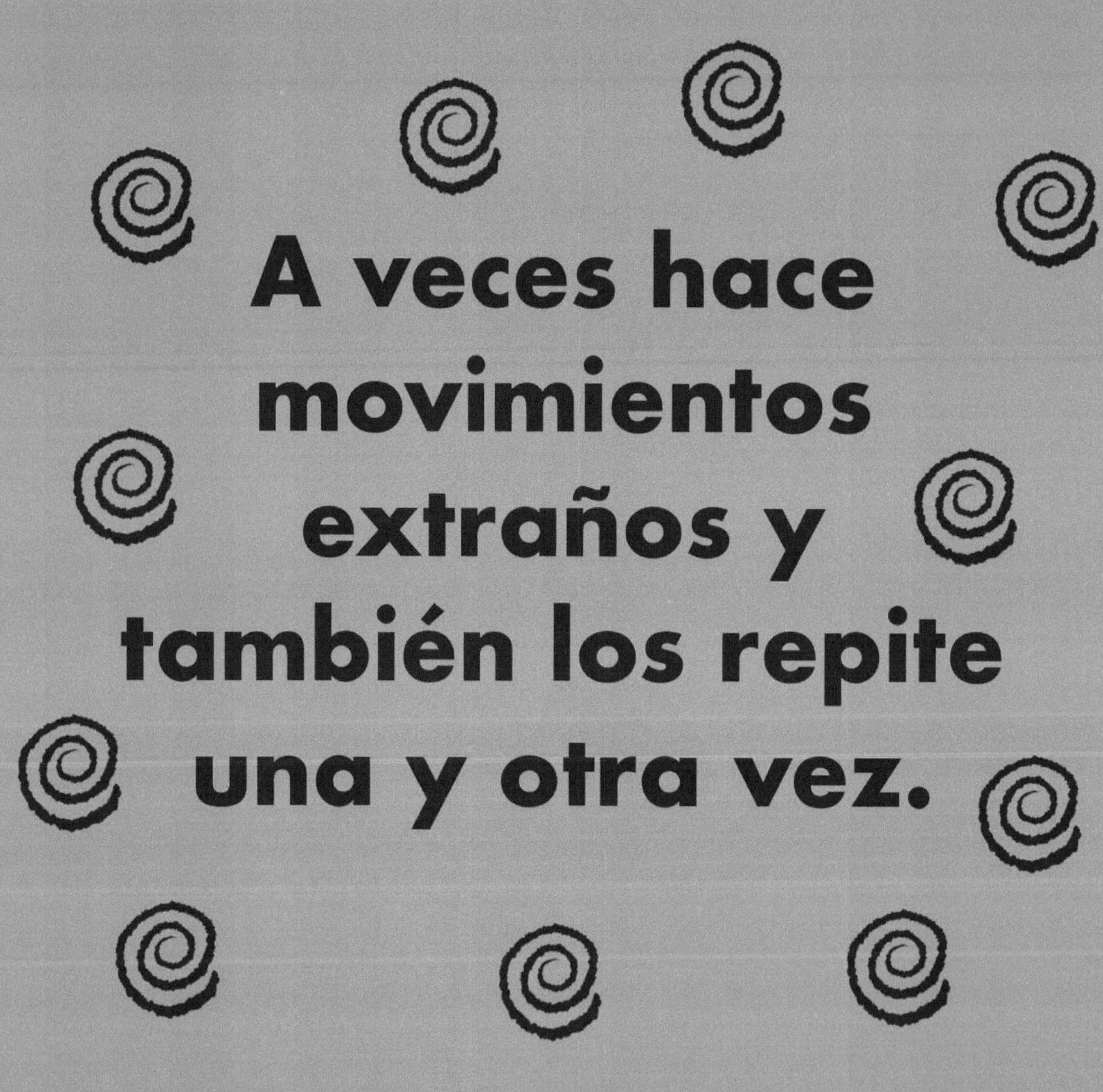
A veces hace
movimientos
extraños y
también los repite
una y otra vez.

En otras ocasiones parece que Lalo viviera en el mundo del revés porque todo lo que hace, lo que le gusta, piensa o quiere es completamente contrario a lo que el resto de los niños esperarían.

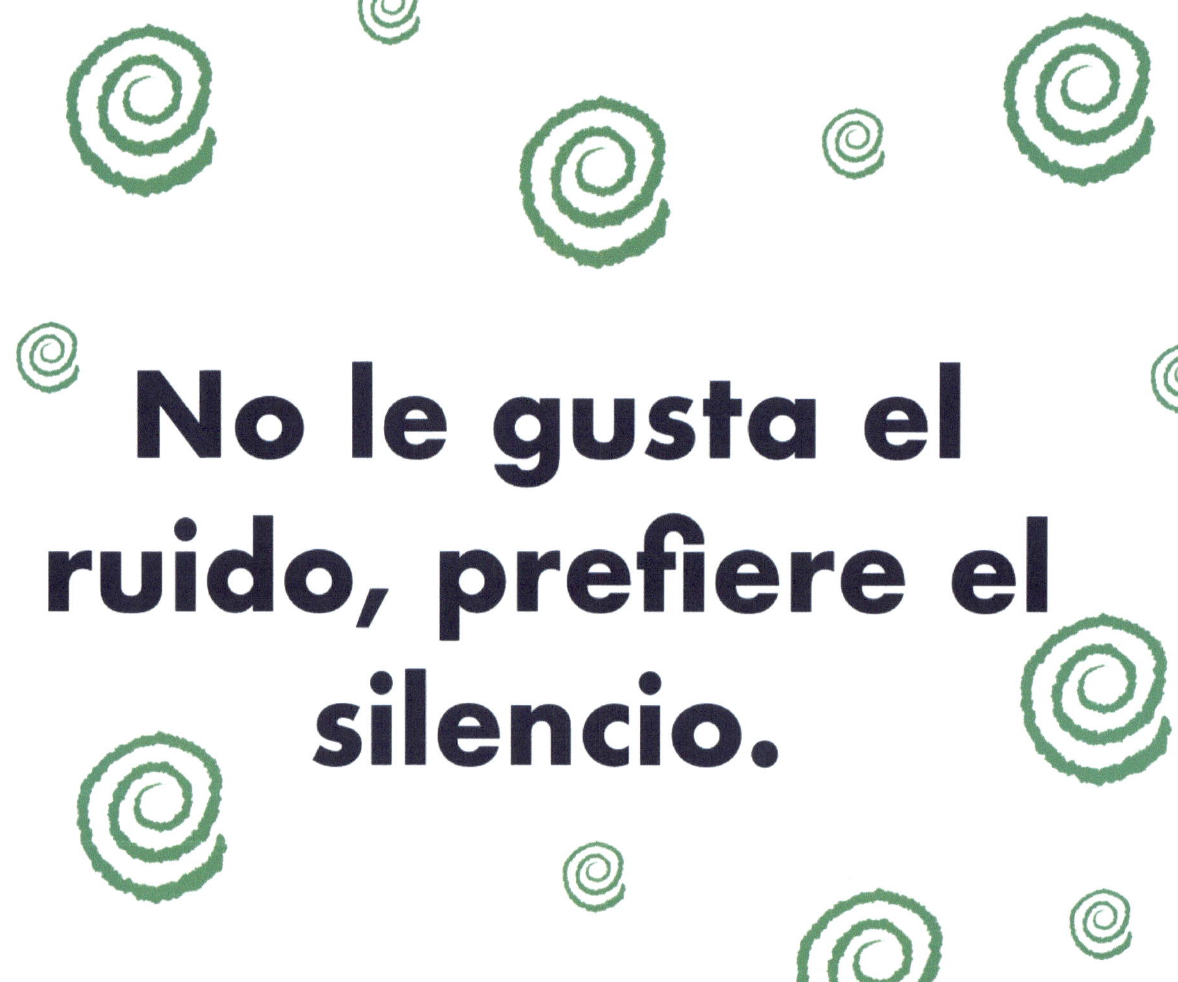

No le gusta el ruido, prefiere el silencio.

Cuando algo le incomoda, puede perder el control y empezar a gritar o ser un poco violento con las personas que están a su alrededor, pero no quiere decir que sea malo, él no sabe como pedir a todos que se alejen cuando necesita estar solo para calmarse.

La maestra ayuda para que los compañeros comprendan a Lalo.

PACIENCIA
AMISTAD
EMPATÍA
TOLERANCIA
RESPETO

Cuando algo le preocupa, puede estar durante horas tratando de entenderlo, por eso en ocasiones suele desarmar máquinas, juguetes o artefactos en busca de respuesta a sus inquietudes.

Es muy bueno para resolver sopas de letras, crucigramas y juegos que requieren de toda su atención.

Su habilidad de concentración, su creatividad y originalidad sorprende a todos.

No hay de qué asustarse, Lalo es diferente, pero él y sus compañeros están aprendiendo a convivir.